Inhalt

Wasserversorgung - privatisieren oder nicht?

Kernthesen

Beitrag

Fallbeispiele

Weiterführende Literatur

Impressum

Wasserversorgung - privatisieren oder nicht?

I. Zeilhofer-Ficker

Kernthesen

- Die Versorgung mit Wasser als Grundstoff ist nicht überall auf der Welt so umfassend sicher gestellt wie in Deutschland.
- Für die Reparatur maroder Wasser- und Abwasserleitungen besteht bundesweit ein Investitionsbedarf von zwischen 70 und 220 Milliarden Euro.
- Da viele Gemeinden den immensen Kapitalbedarf nicht mehr alleine tragen können, werden zunehmend Kooperationen mit Privatfirmen oder anderen Wasserwerken geschlossen.

- In den Augen der EU-Behörden, die eine Liberalisierung der Wasserversorgung anstreben, sind diese öffentlich-privaten Partnerschaften noch lange nicht ausreichend.

Beitrag

Die EU Behörden möchten die Liberalisierung der Wasser- und Abwasserversorgung vorantreiben. In Deutschland ist der Widerstand gegen Privatisierung der Versorgung mit dem Grundstoff Wasser aber noch groß und nur ein verschwindend geringer Anteil der Bevölkerung erhält ihr Wasser von einem privaten Anbieter.

Fakten zum Wasser und der Wasserversorgung in Deutschland

Obwohl rund 70 Prozent der Erdoberfläche von Wasser bedeckt sind, ist nur ein geringer Teil davon ohne größeren Aufwand als Trinkwasser verwendbar. Nur 2,5 Prozent der globalen Wasserreserven sind als Süßwasser zu bezeichnen, wovon wiederum 70 Prozent als Eis in Gletschern und Polargebieten gebunden sind. (1)

In Deutschland sind wir in der glücklichen Lage, dass jeder mit sauberem Trinkwasser versorgt wird. Von vielen armen Regionen in den Entwicklungsgebieten der Welt kann man das leider nicht behaupten. 450 Millionen Menschen hatten im Jahr 2003 an Wassermangel zu leiden, bis 2025 könnten schon 3 Milliarden Menschen ohne ausreichende Wasserversorgung auskommen müssen. (1)

Angesichts dieser Tatsache erscheint der durchschnittliche Wasserverbrauch in Deutschland von 126 Litern pro Einwohner und Tag verschwenderisch viel. Auch dass Wasserverluste von manchmal über 20 Prozent wegen defekter Leitungen als tolerierbar angesehen werden, ist nicht jedem verständlich.

Die deutsche Trinkwasserversorgung ist dezentral organisiert mit vielen kleinen örtlichen Wasserwerken, die zum allergrößten Teil in öffentlicher Hand betrieben werden. 6 500 Versorgungsbetriebe leiten die rund 17 800 Wasserwerke, die die Versorgung mit Trinkwasser und die Abwasserbeseitigung für die deutsche Bevölkerung sicher stellen. 85 Prozent der Unternehmen gehören Städten und Kommunen, nur 1,7 Prozent sind in privatem Besitz und der Rest wird in Kooperation zwischen öffentlichen und privaten

Unternehmen betrieben. (2)

Ein großer Anteil der Wasserleitungen und Kanalisationssysteme ist bereits in die Jahre gekommen. Viele Kilometer Leitungen wurden Anfang bis Mitte des vergangenen Jahrhunderts gebaut. Leckagen und Wasserverluste sind an der Tagesordnung und Sanierungsmaßnahmen dringend erforderlich. (3), (4)

Doch viele Städte und Gemeinden können wegen leerer Kassen diesen Investitionsbedarf nicht mehr schultern. Seit dem Jahr 1993 sind die Investitionen um rund 40 Prozent gefallen und von einem nachhaltigen Erhalt des Wasser- und Kanalnetzes kann schon lange nicht mehr die Rede sein. Rund acht Prozent des in Deutschland geförderten und aufbereiteten Trinkwassers versickern durch kaputte Leitungen wieder in der Erde. (4), (5)

Die Wasserbranche ist extrem auf Investitionen angewiesen, die sich erst im Laufe von vielen Jahren der Nutzung amortisieren. Da in den Kommunen nicht genug Geld vorhanden ist, werden oft nur noch die allernötigsten Reparaturen vorgenommen. Verstärkt wird nach Lösungen gesucht, die die Gemeinden entlasten, ohne dass den Bürgern dadurch unverhältnismäßig hohe Kosten aufgebürdet werden. (6), (7)

Pro und Kontra Privatisierung

Die EU Behörden streben eine Liberalisierung des Wassermarktes an. Von mehr Wettbewerb verspricht man sich mehr Effizienz, Transparenz in der Preisgestaltung und insgesamt niedrigere Preise. Andererseits sind die Befürchtungen groß, dass die Freigabe der Wasserversorgung zu gravierenden Rückschritten im Umwelt-, Gewässer-, Hygiene- und Gesundheitsschutz führen könnte. Eine Vermischung von Wasser aus verschiedenen Gegenden und Lieferanten ist in der Praxis nicht durchführbar und eine Liberalisierung durch Freigabe der Netze wie bei der Strom- oder Gasversorgung kann für die Wasserversorgung so nicht übernommen werden. Außerdem muss die Versorgung mit dem Grundstoff Wasser für jeden Bürger auch in den abgelegensten Winkeln der Republik sicher gestellt werden eine für gewinnorientierte Privatunternehmen eher weniger reizvolle Aufgabe. [(8)](), [(9)](), [(10)]()

Deshalb ist man sich auch innerhalb der Europäischen Gemeinschaft uneins über die Privatisierung des Wassermarktes. Während Großbritannien auf ein sehr liberales Versorgungsmodell verweisen kann und die

Auffassung vertritt, dass Privatunternehmen die besseren Dienstleistungen liefern, so ist das Französische Modell auf Staatsmonopolisten aufgebaut, die allerdings mit Tochterfirmen auch im Ausland aktiv sind. Berichte aus Entwicklungsländern, in denen die Privatisierung mitnichten zu einer besseren Wasserversorgung für mehr Menschen, dagegen aber zu horrenden Preiserhöhungen geführt hat, sprechen ebenfalls eher gegen eine Freigabe des Marktes. In Deutschland jedenfalls ist der Widerstand gegen eine Privatisierung sehr groß. In einigen Gemeinden wurden gar Bürgerbegehren durchgeführt, mithilfe derer verankert wurde, dass die Wasserversorgung in öffentlichen Händen verbleiben muss. (11), (12), (13)

Sind öffentlich-private Partnerschaften die Lösung?

Nicht nur der Liberalisierungsdruck aus Brüssel sondern noch mehr der Geldmangel in den Gemeinden zwingt die verantwortlichen Politiker dazu, nach alternativen Möglichkeiten zu suchen. Neben Kooperationen mit Nachbargemeinden hat sich in letzter Zeit die Einbindung von Privatunternehmen als Geschäftspartner als mögliche Lösung herausgestellt. In diesen öffentlich-privaten

Partnerschaften (ÖPP oder PPP) nutzt man die Finanzmittel, das Know-How und die Unternehmensnetzwerke für die Modernisierung und Restrukturierung der Versorgungsleistungen. Wichtig für eine erfolgreiche Partnerschaft ist dabei allerdings eine sorgfältige Planung, genau festgelegte Bedingungen und Standards der zu erbringenden Leistungen sowie die Möglichkeit der Rückgängigmachung, sollte die Partnerschaft nicht wie erwartet funktionieren. Die Auswahl eines privaten Partners sollte durch eine Ausschreibung für eine festgeschriebene Zeit erfolgen. Unter diesen Voraussetzungen können öffentlich-private Partnerschaften eine gute Lösung für so manche Kommune darstellen. (6), (14), (15)

Fallbeispiele

Hamburgs Bürger haben im September 2005 per Bürgerbegehren festgeschrieben, dass sie wollen, dass Hamburgs öffentliche Wasserversorgung weiterhin vollständiges Eigentum und unter uneingeschränkter Verfügung der Freien und Hansestadt Hamburg bleibt. Der Senat ist nun dabei, das Begehren zum Gesetz umzusetzen. (13)

Die Gemeinde Cölbe bei Marburg ist ebenfalls gegen eine Privatisierung der Wasserversorgung. Hier wurde eine Genossenschaft gegründet, die mit viel ehrenamtlichem Engagement eine kostengünstige Wasserversorgung sicher stellen will.

Die Gemeinde Nalbach versucht eine öffentlich-private Partnerschaft mit der Firma Energis. Da die Gemeinde 51 Prozent der Wasser- und Abwasserzweckverbände und damit die Mehrheit hält, erwartet man keine Nachteile für die Bevölkerung und stabile Gebühren. (17)

Diese Erwartung hatte man auch in Berlin, als man mit dem französischen Konzern Veolia und der RWE eine öffentlich-private Partnerschaft einging. Mittlerweile sind die Preise für Wasser und Abwasser um 20 Prozent gestiegen und weitere Preiserhöhungen wurden angekündigt. Schon werden Forderungen nach der Rückgängigmachung der Teilprivatisierung laut. (18)

Weiterführende Literatur

(1) Technik bewahrt die Welt vor dem Verdursten aus Tagesanzeiger vom 07.02.2006 Seite 51

(2) Strukturelle Ineffizienz im Wassersektor — Eine

empirische Analyse
aus Schmollers Jahrbuch, Heft 3/2005, S. 369-403

(3) Vorsicht Baustellen!
aus Entsorga Magazin 01-02 vom 09.02.2006 Seite 005

(4) Umdenken tut Not
aus Entsorga Magazin 01-02 vom 09.02.2006 Seite 012

(5) Warnschuss aus den Städten
aus Süddeutsche Zeitung, 12.09.2005, Ausgabe Deutschland, S. 24

(6) Umdenken erforderlich
aus Entsorga Magazin 09 vom 28.09.2005 Seite 028

(7) RWE scheut das Wasser
aus Börsen-Zeitung, 17.11.2005, Nummer 222, Seite 8

(8) EU hält Wettbewerbsdiskussion im Fluss
aus www.powernews.org Meldung vom 20.10.2005 - 08:22

(9) Magistrat gegen Wettbewerb bei Trinkwasser
Stadtwerke sollen weiterhin für die Versorgung zuständig sein / Stadtrat Michael Korwisi sieht Qualität bei Privatisierung gefährdet
aus Frankfurter Rundschau v. 19.10.2005, S.35, Ausgabe: R Region

(10) Genug privatisiert! Der Verkauf von öffentlichen Unternehmen soll die Staatsfinanzen sanieren, doch die Schattenseiten dieses Trends überwiegen

aus Frankfurter Rundschau v. 02.11.2005, S.23, Ausgabe: S Stadt

(11) Es lebe der Unterschied
aus Süddeutsche Zeitung, 26.10.2005, Ausgabe Deutschland, S. 20

(12) Wachstumsmarkt Wasser
aus Süddeutsche Zeitung, 13.07.2005, Ausgabe Deutschland, S. 26

(13) Hintertürchen schließen Experten würden Gesetz zum Schutz gegen eine Privatisierung der Wasserwerke verbessern
aus taz Hamburg, 24.11.2005, S. 22

(14) Chancen für die öffentliche Hand Um die Vorteile von Privatisierungen zu nutzen, bedarf es einer guten Vorbereitung und klarer Vorstellungen der Kommunen
aus Frankfurter Rundschau v. 02.11.2005, S.24, Ausgabe: S Stadt

(15) kommentar Der dritte Weg
aus Frankfurter Rundschau v. 19.11.2005, S.38, Ausgabe: S Stadt

(16) Nützlicher Niederschlag...
aus Trierischer Volksfreund vom 07.02.2006

(17) Wasser-Geschäfte im Duett
aus Saarbrücker Zeitung vom 19.01.2006

(18) Veolia-Chef: Wasserpreise steigen weiter
aus Der Tagesspiegel Nr. 19039 VOM 08.12.2005 SEITE 016

Impressum

Wasserversorgung - privatisieren oder nicht?

Bibliografische Information der deutschen Nationalbibliothek

Die Deutsche Nationalbibliothek verzeichnet diese Publikation in der deutschen Nationalbibliografie; detaillierte bibliografische Daten sind im Internet über http://dnb.d-nb.de abrufbar.

ISBN: 978-3-7379-1461-1

© 2015 GBI-Genios Deutsche Wirtschaftsdatenbank GmbH, Freischützstraße 96, 81927 München, www.genios.de

Alle Rechte vorbehalten. Dieses Werk ist einschließlich aller seiner Teile – z.B. Texte, Tabellen und Grafiken - urheberrechtlich geschützt. Jede Verwertung außerhalb der Grenzen des Urheberrechtsgesetzes bedarf der vorherigen Zustimmung des Verlags. Dies gilt insbesondere auch für auszugsweise Nachdrucke, fotomechanische Vervielfältigungen (Fotokopie/Mikroskopie), Übersetzungen, Auswertungen durch Datenbanken oder ähnliche Einrichtungen und die Einspeicherung und Verarbeitung in elektronischen Systemen.